LE STRETCHING

LE STRETCHING

Énergie et relaxation
instantanées grâce
aux techniques simples
des étirements du yoga

MARK EVANS

Traduit par KATIA HOLMES

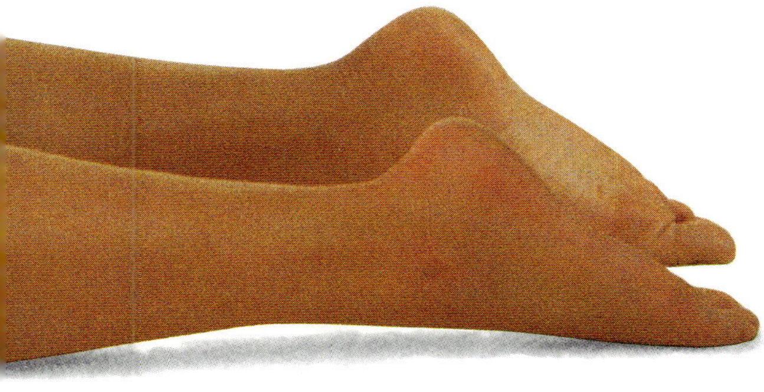

MANISE

Édition originale 1997 au Royaume-Uni
par Lorenz Books
sous le titre *Instant Stretches*

Éditrice : Joanna Lorenz
Responsable du projet : Fiona Eaton
Styliste : Bobbie Colgate Stone
Photographies : Don Last

Traduction : Katia Holmes
Adaptation française : Julie Houis et Manuel Pérez

Note de l'éditeur

Les idées, conseils et techniques exprimés et décrits dans le présent ouvrage ne sauraient être considérés comme substitut à un avis médical autorisé. Tout usage que le lecteur jugerait bon de faire des idées, conseils et techniques présentés ici est sous sa propre responsabilité.

ISBN 2-84198-100-2

Dépôt légal : octobre 1998

Imprimé à Singapour

SOMMAIRE

INTRODUCTION

AVEZ-VOUS DÉJÀ OBSERVÉ UN CHAT QUI S'ÉVEILLE ? Il bâille, fait le gros dos, s'étire au maximum, se détend complètement et file avec une grâce toute féline. Vous êtes-vous demandé pourquoi il agit de la sorte ? Le chat sait d'instinct qu'il faut s'étirer pour rester souple et assurer une bonne irrigation sanguine des muscles. Vous aussi, vous pouvez devenir plus souple et plus vigoureux grâce à des étirements.

Nous avons, pour la plupart d'entre nous, tendance à emmagasiner les tensions générées par les soucis quotidiens, une mauvaise posture, le manque d'exercice. Des tensions qui nous font perdre notre souplesse et finissent par gêner les mouvements. Cette raideur risque à la longue d'entraîner une rigidité mentale. On se sent alors aussi borné dans ses pensées que limité dans ses mouvements.

La pratique régulière d'exercices fait plus que libérer le corps : en permettant de retrouver une plus grande mobilité, elle éclaircit la pensée et nous offre une nouvelle liberté d'action. C'est en étirant les muscles, les ligaments et les tendons qu'on les fortifie. L'étirement redresse le corps et donne une démarche plus gracieuse. Les articulations étant renforcées et les muscles mieux irrigués, le corps recouvre sa pleine capacité de mouvement. Un corps constamment contracté par la tension nerveuse ne jouit plus d'une bonne circulation du sang. Les étirements peuvent corriger ce défaut en vous donnant un regain de vigueur et de vitalité.

La technique de l'étirement n'est pas une invention récente. Elle constitue depuis des siècles l'un des éléments essentiels des exercices physiques qui représentent une partie du yoga. Ce système, qui nous vient de l'Inde ancienne, vise au développement de soi sous tous les aspects : physique, mental et spirituel. Ce n'est pas une religion mais un mode de vie pour les milliers de personnes qui en appliquent quotidiennement les principes.

La partie physique des exercices, qui comprend des techniques de maîtrise du souffle et de la méditation, a acquis une grande popularité en Occident ces dernières décennies.

On trouve des cours de yoga dans presque toutes les villes ; la meilleure façon de se familiariser avec les exercices est évidemment de les apprendre auprès d'un professeur qualifié. Ce livre ne cherche en aucune façon à se substituer à des cours de yoga mais à donner quelques conseils simples pour pratiquer des étirements faciles chez soi, au quotidien.

Les bienfaits des étirements du yoga tiennent à la lenteur des mouvements et au maintien des postures qui soulagent les tensions et conservent

l'énergie sans fatiguer le cœur. Les étirements indiqués ici ne proviennent pas tous du yoga mais ils en suivent le principe, c'est-à-dire faire travailler les muscles en douceur.

Nous nous sommes efforcés de ne pas suggérer de mouvements complexes qui risqueraient de vous donner tout de suite l'impression d'être impossibles. Surtout, ne forcez jamais un mouvement ou un étirement : l'exercice doit toujours rester agréable. Les étirements sont bénéfiques pour tout le monde et à tout âge, car ils entretiennent la souplesse du corps.

ATTENTION

Les étirements suggérés dans ce livre sont conçus comme un ensemble de mouvements destinés à améliorer la souplesse, le tonus musculaire et la circulation, et à maintenir une bonne posture physique. Mais ils ne sauraient se substituer aux conseils personnalisés d'un professeur, à de bons cours de yoga ou de gymnastique. Si vous avez le moindre doute quant à un exercice, ou si vous n'êtes pas sûr qu'il vous convienne, allez voir un professeur qualifié.

En cas de problèmes de santé particuliers, comme des problèmes de dos dus à une lésion, ou une maladie qui vous fait douter des bienfaits des étirements dans votre cas particulier, prenez un avis médical. Précisons que certaines postures «inversées», c'est-à-dire celles où il faut mettre la tête à l'envers, comme «la charrue», sont contre-indiquées en cas d'hypertension artérielle ou de problèmes thyroïdiens.

S'il y a un certain temps que vous n'avez pas fait d'exercice, commencez tout doucement et amplifiez les étirements à mesure que vous retrouverez votre souplesse. Les étirements éliminent les tensions et, de ce fait, il se peut qu'au début vous constatiez que vous avez les muscles un peu endoloris. Mais aucun exercice ne devrait vous faire mal : si c'est le cas, arrêtez tout de suite. En résumé, l'introduction de la pratique des étirements dans votre vie ne devrait avoir que des effets positifs : regain d'énergie, souplesse et meilleure posture. Mais il est sage de se rappeler que dans le doute, mieux vaut s'abstenir.

PRÉPARATION

LES ÉTIREMENTS ONT, ENTRE AUTRES, l'avantage de pouvoir se pratiquer n'importe où et à tout moment : chez soi, au bureau, quand on fait la queue quelque part ou même au volant. Cependant, pour profiter pleinement des bienfaits d'une pratique régulière des étirements, et plus encore du yoga, il est important de se réserver un endroit calme et confortable, avec une plage de temps pour faire les mouvements sans se presser ni être interrompu. Le fait de se créer cet espace physique et temporel dans une journée marque déjà en soi une volonté de relaxation et de délassement qui renforcera l'efficacité des exercices.

L'idéal, c'est de trouver un endroit paisible et reposant, avec une lumière plus douce qu'ailleurs et un tapis pour les étirements au sol. Mettez des coussins par terre si vous avez le dos un peu sensible ou si vous préférez un peu de rembourrage. Portez de préférence des vêtements qui laissent une grande liberté de mouvement. Si le temps le permet, laissez entrer un peu d'air frais mais ne vous exposez pas au froid : ces exercices ne devraient pas vous faire transpirer abondamment ni fatiguer le cœur, puisqu'ils visent à réduire les rigidités et les tensions pour vous assouplir.

S'il vaut mieux apprendre les exercices de yoga dans le cadre d'un cours, avec un professeur expérimenté, il n'en demeure pas moins que pour profiter pleinement de leurs bienfaits, il faut aussi pratiquer chez soi, entre les cours. Ce livre présente essentiellement des étirements que vous pouvez faire seul, en relaxation. Si vous êtes tenté par certains exercices en particulier, cherchez un bon cours de yoga près de chez vous.

De toute façon, aménagez-vous un petit coin personnel où vous pourrez pratiquer régulièrement les étirements ou le yoga. Votre conjoint, votre famille ou vos amis auront peut-être envie de se joindre à vous.

Quoi qu'il en soit, pratiquez les étirements pour vous débarrasser de vos tensions, améliorer la circulation, tonifier l'organisme... pour le plaisir, enfin.

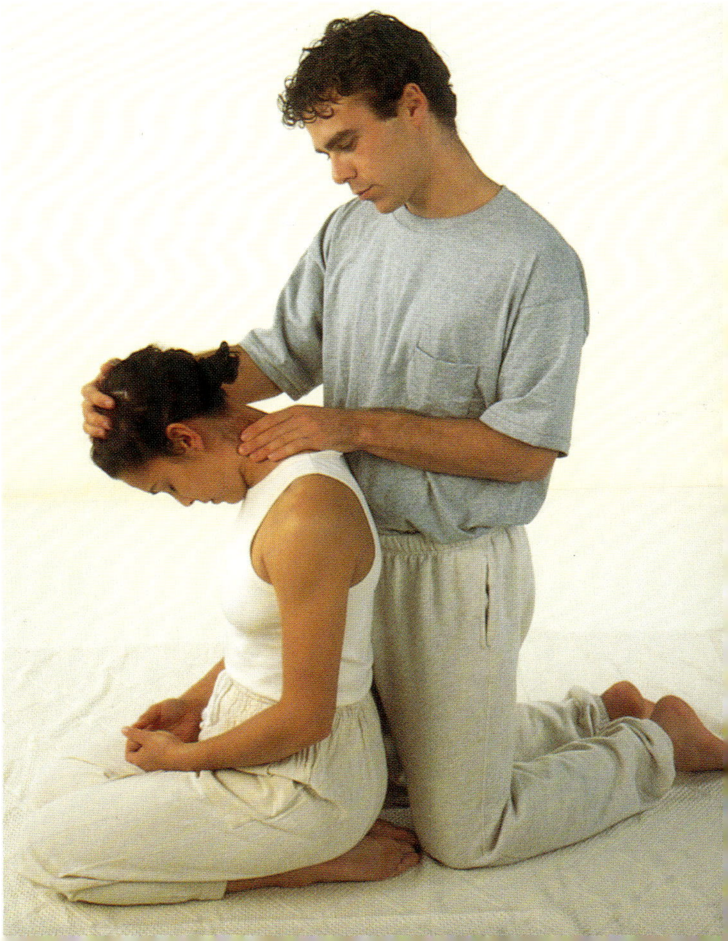

Échauffement

Il est important de s'échauffer un peu avant de se livrer aux étirements. Ces exercices sont destinés à chauffer et relâcher les muscles pour éviter de se faire mal en forçant. Vous pouvez le faire à tout moment si vous vous sentez un peu raide.

HAUSSEMENTS DES ÉPAULES

1

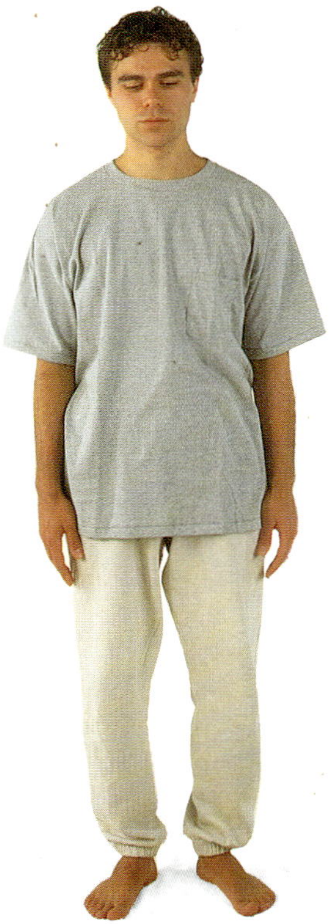

▲ Tenez-vous debout, les pieds légèrement écartés, les épaules relâchées.

2

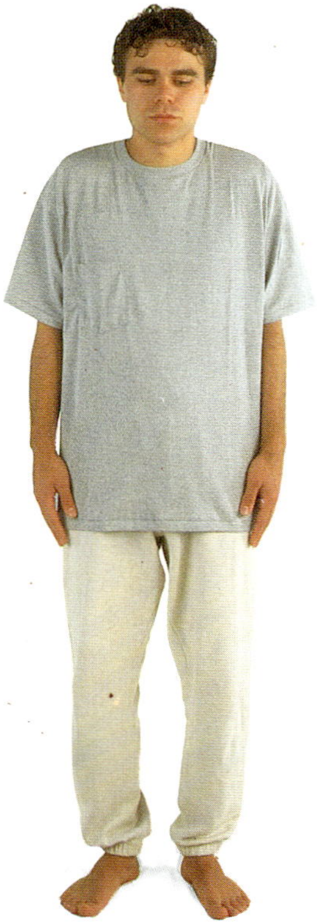

▲ Relevez les épaules aussi haut que possible, puis laissez-les retomber. Répétez l'exercice plusieurs fois.

MOULINETS DES BRAS

1

▲ Faites tourner les bras depuis les épaules, lentement, en décrivant de grands cercles.

2

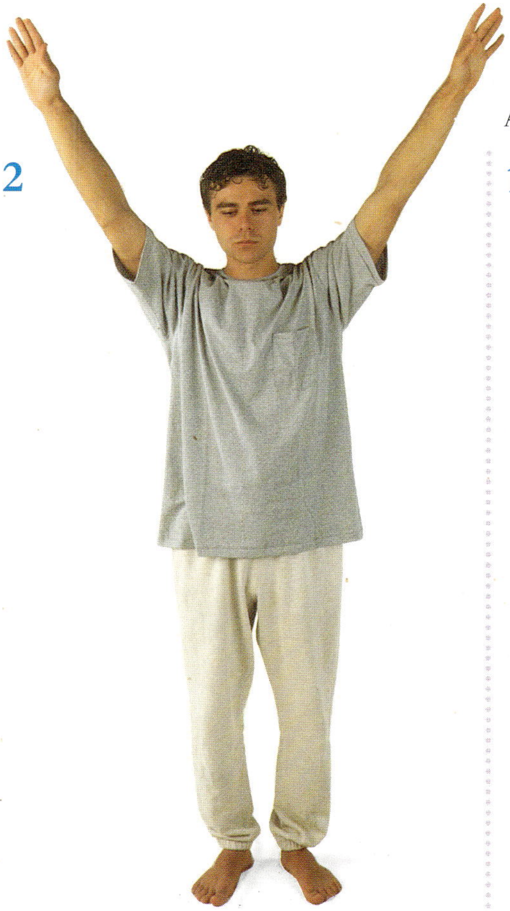

▲ Faites la même chose en tournant en sens inverse, puis recommencez dans le sens initial.

ACCROUPISSEMENTS

1

▲ Tenez-vous les pieds légèrement écartés, les mains sur les hanches. Descendez lentement pour vous mettre en position accroupie.

2

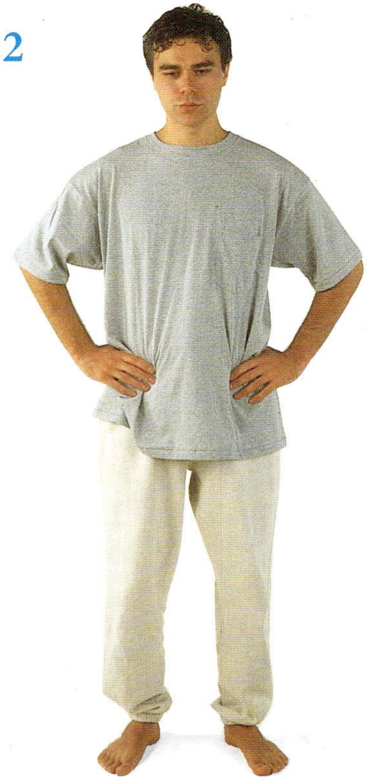

▲ Remontez lentement en position debout. Répétez l'exercice en essayant de toujours garder le dos droit.

TORSIONS EN DOUCEUR

1

◀ Debout, les pieds légèrement écartés de façon à assurer un bon équilibre, les genoux détendus, lancez les bras d'un côté puis de l'autre, en les laissant balancer naturellement.

▶ La tête et le buste ne doivent pas tourner pendant cet exercice ; gardez les pieds et le bassin immobiles. Répétez l'exercice plusieurs fois.

2

RESPIRATION AVEC EXTENSION DES BRAS

1

▲ Debout, étirez les bras devant vous, à hauteur de la poitrine, et prenez une profonde inspiration.

2

▲ En inspirant, rabattez les bras latéralement, à la même hauteur. Sur l'expiration, ramenez les devant vous. Répétez l'exercice trois ou quatre fois seulement.

L'ÉTIREMENT DU CHAT

1

2

▲ Mettez-vous à quatre pattes, en écartant bien les mains et les genoux. Inspirez tout en étirant la tête vers l'avant et en creusant légèrement le dos.

▲ Maintenant expirez et, ce faisant, relevez le dos comme un chat qui fait le gros dos et laissez retomber la tête. Répétez l'exercice plusieurs fois.

FLEXIONS LATÉRALES

1

2

▲ Debout, les pieds écartés d'une distance au moins équivalente à la largeur de vos épaules, les bras le long du corps. Faites une flexion latérale sans tordre le buste.

▲ Remontez lentement, puis faites une flexion de l'autre côté. Redressez-vous et répétez l'enchaînement.

SE SECOUER

▲ Essayez de vous détendre à fond et de laissez aller le corps. Ensuite, secouez bras et jambes pour éliminer les tensions.

Exercices d'assouplissement

Si les étirements aident à rétablir une bonne circulation dans des muscles contractés et tendus, ils assouplissent aussi le corps et contribuent à soulager le stress. Lorsque vous ferez les exercices d'assouplissement des articulations, essayez d'équilibrer les mouvements : si, par exemple, vous pratiquez une flexion avant, faites-la suivre d'une flexion arrière.

FLEXION AVANT

1

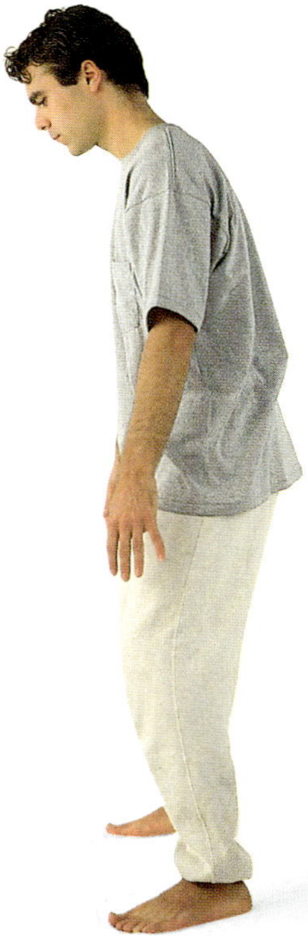

▲ Tenez-vous debout, les pieds écartés, les genoux légèrement fléchis.

2

▲ Inspirez, penchez-vous en avant et saisissez vos jambes. Essayez d'attraper les chevilles si vous le pouvez.

3

▲ Expirez et, ce faisant, redressez les jambes. Sur l'inspiration, vous pouvez à nouveau fléchir les genoux. Renouvelez l'exercice.

L'ARC

1

▲ Étendez-vous à plat ventre, les bras le long du corps et les genoux fléchis.

2

▲ Tendez les bras en arrière et essayez d'attraper vos pieds avec les mains.

3

▲ Soulevez la tête et les pieds sans forcer, et restez ainsi un instant. Relâchez doucement le corps et laissez-le reposer par terre. Refaites l'exercice deux fois.

ATTENTION

Certains mouvements décrits ici sont un peu difficiles si vous n'avez pas fait d'exercice depuis un certain temps. Vous ne serez peut-être pas assez souple pour vous mettre d'emblée dans la posture finale. Auquel cas, ne forcez pas mais donnez à votre corps le temps de s'allonger et de s'assouplir progressivement, grâce à une pratique régulière.

LA CHARRUE

ATTENTION

De même que celui de l'arc, ce mouvement peut être difficile pour certaines personnes. Ne forcez pas pour vous mettre dans la posture finale.

1

▲ Étendez-vous sur le dos, les bras le long du corps, les mains à plat par terre pour servir de support. Levez les jambes à la verticale.

2

▲ Laissez basculer les jambes vers la tête tandis que les fesses et le dos décollent du sol.

3

▲ Laissez les pieds toucher le sol derrière la tête, si vous le pouvez.

4

▲ Pour revenir à l'horizontale, fléchissez d'abord les jambes avant de laisser le corps se dérouler.

EXTENSION DE LA POITRINE EN POSITION ASSISE

Ce mouvement accroît l'amplitude des pectoraux et aide à assouplir la colonne vertébrale.

1

2

▲ Asseyez-vous en tailleur, tendez les bras derrière le dos, joignez les mains et étirez les bras en les remontant autant que vous le pourrez, sans que ce soit inconfortable. Pour étirez davantage les pectoraux, remontez les bras sur l'inspiration et redescendez-les sur l'expiration.

▲ Inspirez, puis penchez-vous en avant en expirant, tout en tendant les bras aussi haut que possible pour bien maintenir l'étirement. Ensuite, déroulez lentement le corps pour le ramener à la verticale. La pratique aidant, vous pourrez peut-être monter les bras à la verticale mais, comme pour tous les étirements, ne forcez pas.

Soulager les maux de tête et la tension nerveuse

Les maux de tête dus à la tension nerveuse commencent souvent par une sensation de pression sur la tête ou sur la nuque, ou par un tiraillement des muscles du visage. De simples étirements peuvent parfois suffire à effacer cette tension musculaire et l'empêcher de déclencher un fort mal de tête. L'intérêt, c'est que vous pouvez les faire pratiquement n'importe où.

ÉTIREMENT LATÉRAL DU COU

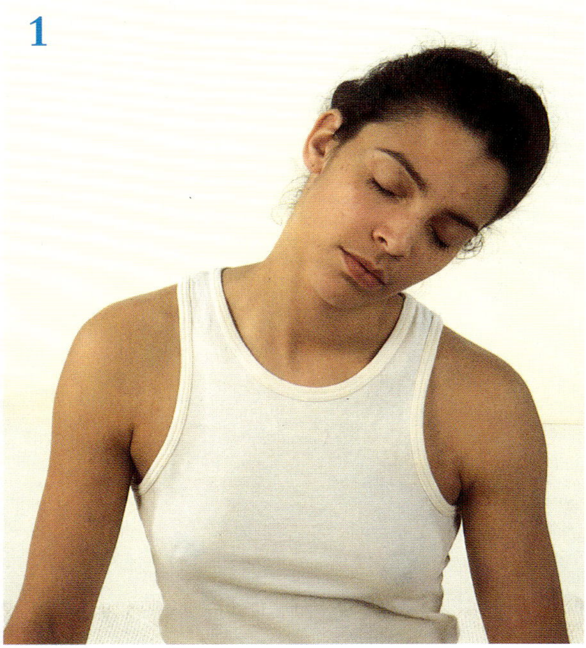

▲ Penchez lentement le cou d'un côté, en sentant bien les muscles s'étirer. Ramenez la tête à la verticale et refaites la même chose de l'autre côté.

▲ Pour renforcer l'efficacité de cet étirement, guidez la tête avec vos mains. Placez une main sous le menton, l'autre au sommet de la tête, et quand vous penchez la tête sur le côté, accompagnez le mouvement par une pression constante des mains. Répétez l'opération de l'autre côté en changeant de mains.

LA TÊTE SUR LA POITRINE

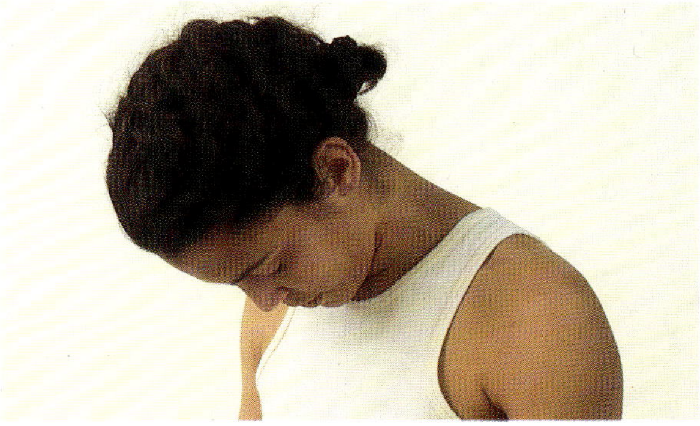

▲ Abaissez la tête sur la poitrine tout en étant attentif à la sensation d'étirement des muscles de la nuque. Arrivé à la position d'étirement maximum, restez-y un moment avant de remonter lentement la tête. Répétez l'exercice deux ou trois fois.

LA POSTURE DU LION

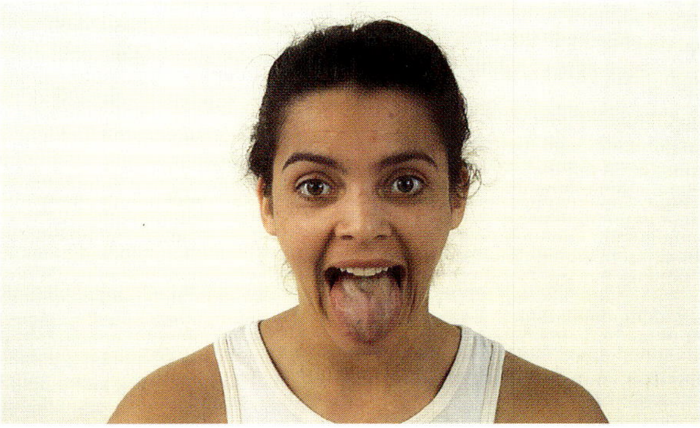

▲ Pour étirer les muscles faciaux et en libérer les tensions, ouvrez la bouche aussi grand que possible et tirez la langue tout en écarquillant les yeux autant que vous le pourrez. Restez ainsi un instant, puis relâchez. Refaites-le deux fois.

ROTATION EN DEMI-CERCLE

1

▲ Penchez la tête d'un côté, puis faites-la tourner doucement de façon à décrire un demi-cercle, en laissant bien tomber le menton sur la poitrine.

2

▲ Il est préférable d'éviter le cercle complet qui tend à comprimer la nuque quand on l'étire en arrière. Répétez le mouvement dans la direction opposée.

EXTENSION DES ÉPAULES

1

▲ Mettez-vous à genoux, joignez les mains et tendez les bras au-dessus de la tête.

2

▲ Étirez-vous vers le haut, aussi loin que vous le pourrez sans forcer, et restez un petit moment dans cette position. Recommencez trois fois de suite.

Améliorer son maintien

L'un des bienfaits d'un système d'exercice tel que le yoga est la grâce et le maintien qu'il donne, et cela grâce à l'amélioration de l'attitude générale du corps. Avec un bon maintien, vous vous sentirez et vous paraîtrez plus jeune, sans compter que les pressions seront mieux réparties sur l'ensemble de la musculature. Essayez ces étirements pour vous aider à retrouver votre maintien naturel.

TORSION EN POSITION DEBOUT

1

▲ Tenez-vous debout, les pieds légèrement écartés, les bras étendus droit devant vous. Puis imprimez une torsion latérale au corps, tout en gardant les pieds fermement campés au sol.

2

▲ Revenez à la position initiale et recommencez une torsion de l'autre côté. Pour profiter davantage de l'exercice, vous pouvez vous mettre les pieds joints, sur leur pointe, avant de commencer la torsion.

LA POSTURE DU RISHI

1

▲ Tenez-vous debout, les pieds écartés d'une distance égale à la largeur de vos épaules, et étendez les bras droit devant vous.

2

▲ Penchez-vous d'un côté et posez la main sur la face intérieure de la jambe du même côté, tout en relevant l'autre bras vers le haut.

3

▲ Tendez chaque bras aussi loin que vous pourrez, mais sans forcer, puis répétez l'exercice de l'autre côté.

L'ARBRE

1

2

▲ Mettez-vous en appui sur une jambe, fléchissez le genou de l'autre et levez progressivement le pied de façon à le faire reposer sur l'intérieur de la cuisse. Levez les bras et maintenez l'étirement. Répétez l'exercice en partant d'un appui sur l'autre jambe.

▲ Au choix : joignez les paumes des mains au-dessus de la tête ou étirez les bras à la verticale.

BRAS ET JAMBES

▲ Mettez-vous en appui sur une jambe et fléchissez l'autre jambe en arrière. Attrapez-la avec la main du même côté, tout en levant le bras opposé en le pointant vers le ciel. Tirez sur le pied et étirez le bras levé. Maintenez un moment cet étirement, puis répétez-le en changeant de bras et de jambe.

Dissiper les tensions et les maux de dos

Les maux de dos sont l'une des principales causes d'absentéisme au travail. Ces maux résultent le plus souvent des tensions chroniques accumulées dans la région dorsale. Des muscles las et tendus sont bien plus vulnérables aux claquages et aux lésions. Les étirements que nous présentons ici visent à assouplir la colonne vertébrale, mais consultez un spécialiste si vous souffrez de maux de dos importants ou de lésion vertébrale.

LE COBRA

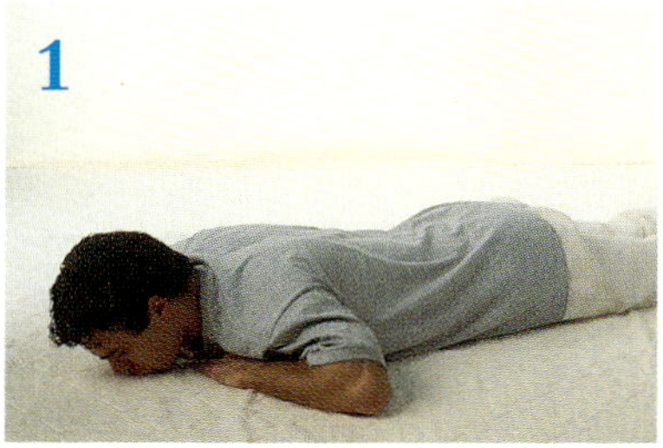

▲ Étendez-vous à plat ventre, les bras fléchis de façon à ce que les mains reposent sous les épaules, les paumes tournées vers le sol.

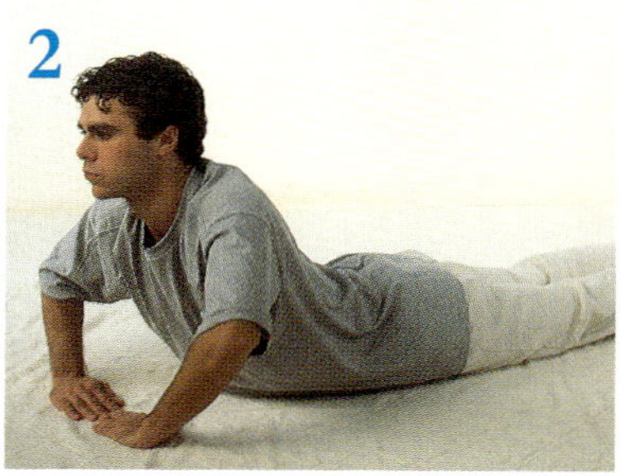

▲ Soulevez lentement la tête et poussez sur les bras de façon à relever le buste. Expirez tout en relevant le torse.

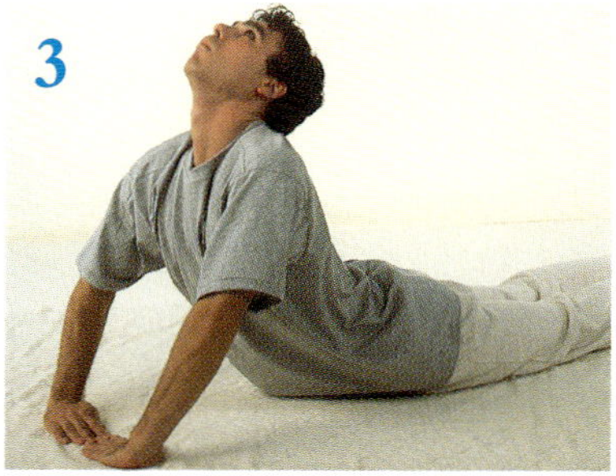

▲ Inclinez la tête en arrière et soulevez le torse, en vous étirant en arrière. Maintenez la posture, puis relâchez. Recommencez.

ÉLÉVATION DES FESSIERS

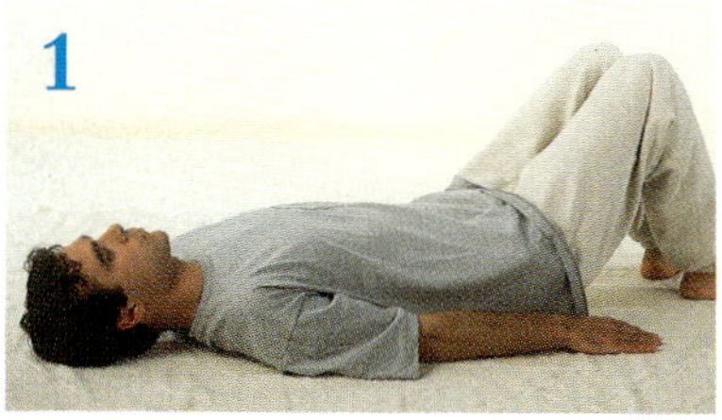

▲ Étendez-vous sur le dos, les genoux fléchis, les pieds à plat par terre, les bras le long du corps.

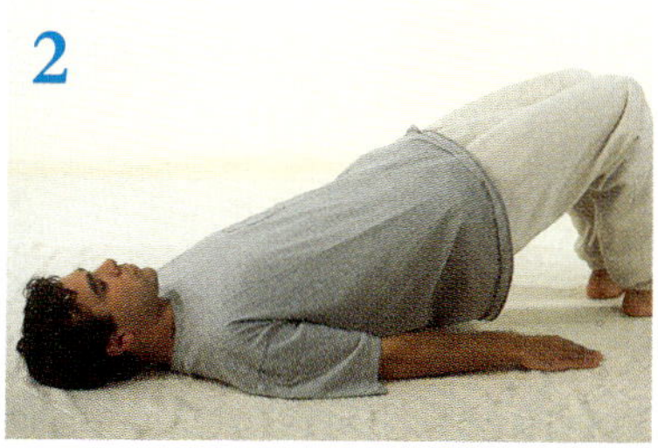

▲ Soulevez les fessiers aussi haut que vous le pouvez. Laissez-les redescendre et répétez l'exercice.

ATTENTION

Certains de ces étirements sont des postures de yoga assez difficiles : ne forcez jamais les mouvements et n'essayez pas de vous étirer trop loin.

TORSION SIMPLE

1

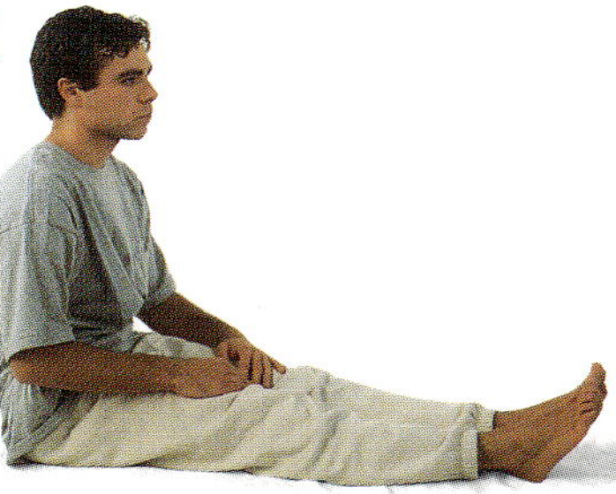

▲ Asseyez-vous par terre en allongeant les jambes devant vous.

2

▲ Fléchissez la jambe gauche et passez-la par-dessus l'autre à hauteur du genou.

3

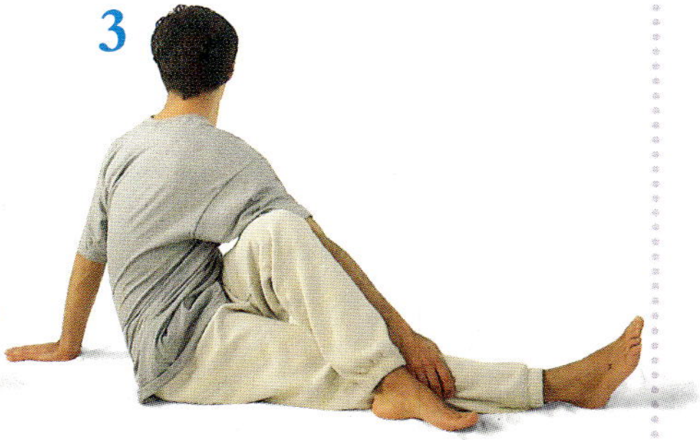

▲ Avec le bras droit, attrapez la jambe droite, puis faites une torsion. Relâchez et recommencez en fléchissant la jambe droite.

TORSION INTÉGRALE

1

▲ Si le mouvement précédent vous paraît facile, essayez de solliciter davantage la région lombaire en fléchissant la jambe gauche de façon à ce que le pied vienne reposer sur l'intérieur de la cuisse droite.

2

▲ Croisez la jambe droite par-dessus la gauche et attrapez le pied droit avec la main gauche.

3

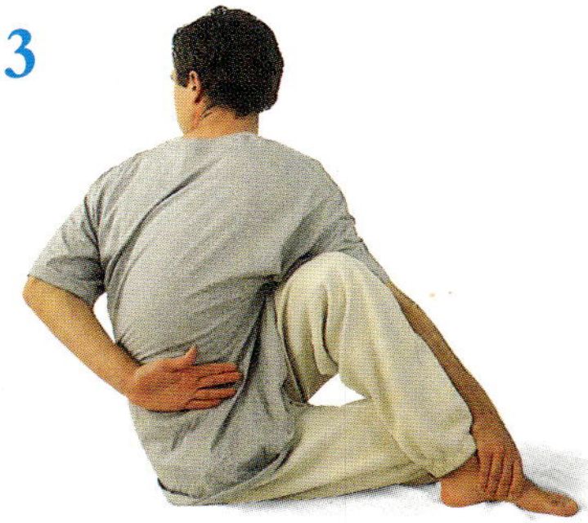

▲ Imprimez une torsion aussi forte que possible sans que ce soit inconfortable, maintenez la posture, puis relâchez. Changez de jambe et refaites une torsion de l'autre côté.

TORSION AVEC FLEXION

▶ Tenez-vous debout, les pieds écartés d'une distance équivalente à la largeur des épaules, les bras tendus latéralement.

▶ Penchez-vous en avant et, de la main gauche, essayez de toucher le pied droit ou le sol devant ce pied. Revenez lentement à l'horizontale, puis à la verticale. Répétez l'enchaînement de l'autre côté, en partant de la main droite.

1

2

LE TRIANGLE

1

▲ Tenez-vous debout, les pieds écartés d'une distance équivalente à la largeur des épaules, les bras étirés latéralement.

2

▲ Penchez-vous d'un côté, sans torsion du buste, et en levant l'autre bras en l'air.

3

▲ Le bras levé, regardez vers le haut et maintenez cette position. Revenez lentement à la verticale et recommencez de l'autre côté.

ÉTIREMENT ASSIS

1

▲ Asseyez-vous sur un tabouret sans que vos pieds touchent par terre. Mettez les mains derrière le dos et avachissez-vous, le dos rond, le menton sur la poitrine.

2

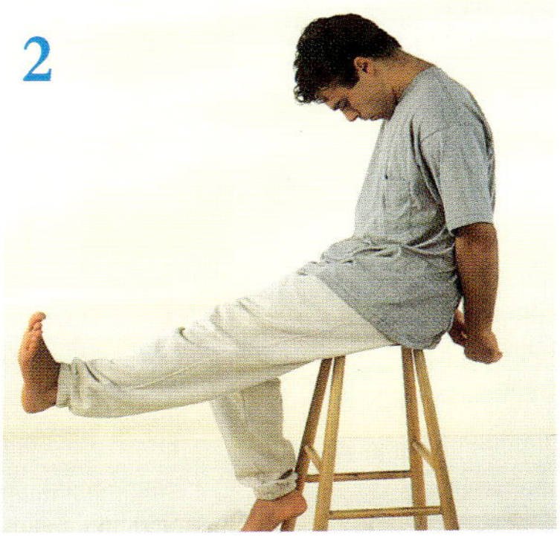

▲ Étirez une jambe, le pied fléchi ; relâchez et renouvelez l'exercice plusieurs fois de suite, puis changez de jambe.

LA SAUTERELLE

1

▲ Étendez-vous sur le ventre, les bras le long du corps, les pieds joints.

2

▲ Tout en maintenant le buste au sol, essayez de relever les deux jambes et de les soulever du sol en même temps, en les gardant aussi droites que possible sans que cela ne fasse mal. Redescendez les jambes, relâchez-les un instant, puis répétez l'exercice. Ne vous forcez pas trop à garder les jambes très droites, cela viendra plus facilement quand votre corps se sera assoupli.

L'ÉTREINTE

1

▲ Pour compléter cette série d'exercices, dissipez la tension qui pourrait rester dans le dos en vous étendant à plat, jambes fléchies, les bras autour des genoux.

2

▲ Soulevez la tête du sol et relevez-la tout en prenant vos jambes dans vos bras et en les ramenant sur la poitrine. Maintenez cette posture, puis relâchez. Veillez à ne pas forcer sur la nuque quand vous relèverez la tête.

Améliorer la respiration et la circulation

Les tensions et l'anxiété chroniques peuvent provoquer une sensation de constriction dans la poitrine telle qu'on puisse avoir du mal à respirer profondément. Pratiquez régulièrement les étirements suivants afin d'améliorer la respiration et la circulation du sang dans les poumons et les pectoraux. L'expansion de la cage thoracique permet aux poumons d'absorber davantage d'oxygène qui ira nourrir toutes les cellules du corps, y compris celles des organes respiratoires.

RESPIRATION COMPLÈTE

1

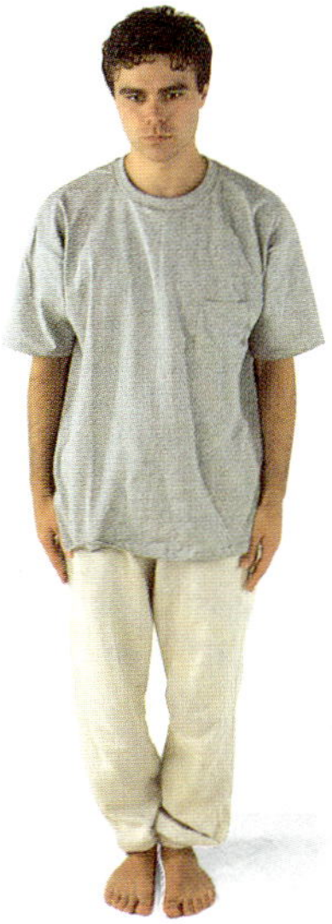

▲ Tenez-vous debout, les bras le long du corps.

2

▲ Inspirez lentement, profondément, tout en relevant les bras sur les côtés.

3

▲ Dressez-vous sur la pointe des pieds tout en étirant les bras jusqu'à ce qu'ils viennent se toucher au-dessus de votre tête. Sur l'expiration, revenez lentement à la position initiale. Répétez l'exercice deux ou trois fois.

FLEXION ARRIÈRE, À GENOUX

1

▲ Mettez-vous à genoux par terre, le postérieur sur la plante des pieds. Placez les mains au sol, juste derrière vous.

2

▲ Tout en inspirant, arc-boutez-vous. Maintenez la posture puis, sur l'expiration, remettez-vous à genoux.

FLEXION ARRIÈRE, DEBOUT

▲ Debout, les mains sur les hanches, inspirez, puis expirez en penchant le buste en arrière. Évitez ce mouvement si vous avez mal au dos.

EXTENSION DE LA POITRINE

1

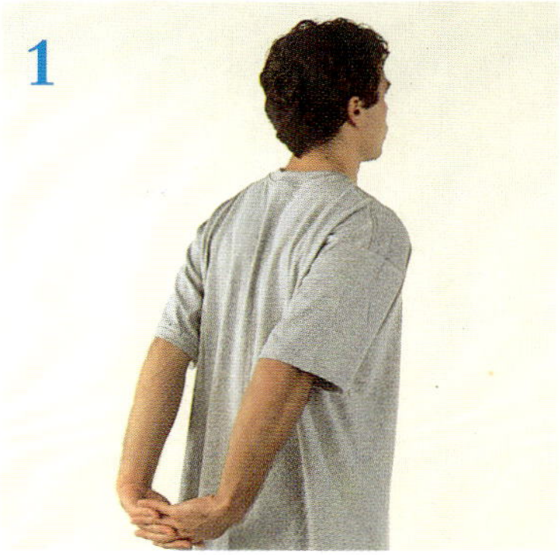

▲ Tenez-vous debout et joignez les mains derrière le dos.

2

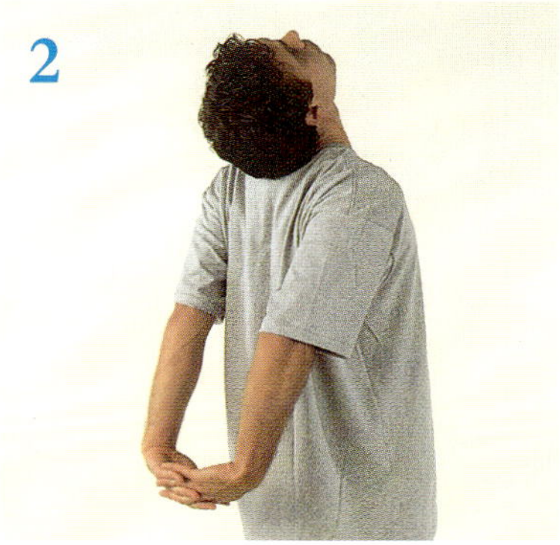

▲ Relevez les bras en vous penchant en arrière, puis penchez-vous en avant, aussi loin que possible.

3

▲ Gardez les bras tendus aussi haut que vous le pourrez. Redressez-vous lentement et répétez l'exercice.

Délasser les jambes fatiguées ou douloureuses

Debout ou assis, nous passons chaque jour trop de temps dans la même position. À la longue, les jambes finissent par devenir raides et contractées, et contribuent à générer de la fatigue. On a tout intérêt à étirer ses jambes pour en maintenir le tonus musculaire et la souplesse. Les exercices suivants vous rendront plus agile en évitant l'accumulation de tensions dans les jambes – cuisses et mollets – et dans le bas du dos.

ÉTIREMENTS D'UNE JAMBE APRÈS L'AUTRE

1

◀ Asseyez-vous par terre, une jambe étendue, l'autre fléchie, le pied en appui sur la face interne de la cuisse de la jambe en extension.

▶ Penchez-vous en avant et saisissez la jambe étendue, aussi loin que vous le pourrez. Abaissez encore un peu la poitrine vers la jambe et maintenez la posture. Changez de jambe et recommencez.

2

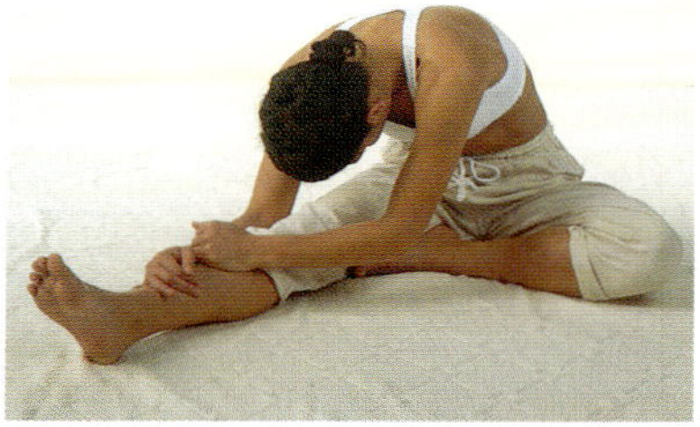

ÉTIREMENT DES DEUX JAMBES

1

2

▲ Vous pouvez prolonger l'exercice précédent en commençant les deux jambes étendues, droit devant vous.

▲ Penchez-vous en avant et saisissez les jambes des deux mains. Tirez pour abaisser le torse et maintenez. Si vous avez trop de mal, fléchissez légèrement les genoux.

EXTENSION LATÉRALE DES JAMBES

1

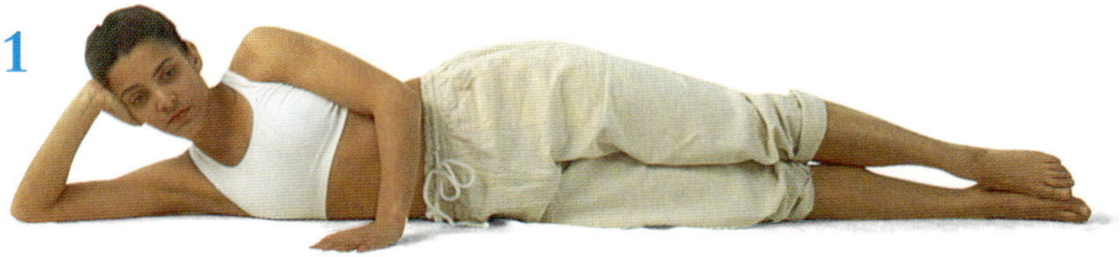

◀ Étendez-vous sur le côté, le buste et les jambes alignés, bien droits. Mettez une main sous la tête pour la soutenir et l'autre par terre, devant vous, pour maintenir l'équilibre.

2

◀ Relevez la jambe supérieure aussi haut que possible sans avoir mal et sans tordre les hanches. Maintenez la posture, puis abaissez lentement la jambe. Répétez l'exercice avec l'autre jambe.

L'ÉTIREMENT DU CHAT

1

2

▲ Mettez-vous à quatre pattes, les mains et les genoux écartés d'une distance équivalente à la largeur des épaules. Relevez la tête et regardez droit devant vous.

▲ Inspirez et, sur l'expiration, faites le gros dos. Restez un instant dans cette position avant de revenir à celle de départ. Inspirez, puis répétez l'enchaînement.

ÉTIREMENTS DES GENOUX

▲ Asseyez-vous par terre en pliant vos genoux pour joindre les pieds. Prenez les pieds dans les mains et rapprochez-les du corps. Laissez les genoux s'abaisser vers le sol, maintenez la position, puis remontez-les pour les détendre. Répétez l'exercice.

JAMBES CROISÉES

1

▲ Étendez-vous sur le dos, les jambes droites. Levez une jambe le plus à la verticale possible, puis descendez-les au-dessus du ventre, en maintenant les hanches au sol.

2

▲ Laissez descendre la jambe en l'étirant aussi loin que vous pourrez, puis revenez lentement à la position initiale. Répétez l'exercice avec l'autre jambe.

▼ **ATTENTION**

Ne vous faites pas mal en forçant ce mouvement qui sollicite de nombreux muscles à la fois.

ÉLÉVATION DU DOS

1

▲ Étendez-vous sur le dos, les genoux fléchis, les pieds écartés à plat sur le sol. Placez les paumes de main à plat sur le sol, à côté des épaules.

2

▲ Poussez avec les mains et les pieds, tout en arc-boutant le dos. Maintenez la posture un instant, puis ramenez le corps à l'horizontale.

ASSIS/COUCHÉ

1

▲ Asseyez-vous par terre, les jambes étendues devant vous.

2

▲ Descendez lentement le dos vers le sol. Fléchissez les jambes et relevez-les progressivement.

3

▲ Tendez peu à peu les jambes tout en les relevant, de manière à approcher la verticale.

4

▲ Gardez les jambes tendues et abaissez-les lentement vers le sol.

5

▲ Prolongez le mouvement en vous asseyant, en attrapant vos jambes avec les mains et en vous penchant en avant. Revenez à la position assise de départ.

Tension nerveuse et mauvaise circulation

Lorsque bras et jambes sont las pour cause de tension nerveuse ou de fatigue musculaire, les muscles se contractent ; cela peut entraîner une mauvaise irrigation sanguine de l'extrémité des membres. Cette circulation appauvrie ne nourrit plus suffisamment les muscles qui se contractent davantage, et l'on entre dans un cercle vicieux. Or, il suffit d'un ou deux étirements pour rétablir l'irrigation sanguine d'une partie du corps et soulager des muscles tendus et affectés de crampes.

ÉTIREMENT DU MOLLET

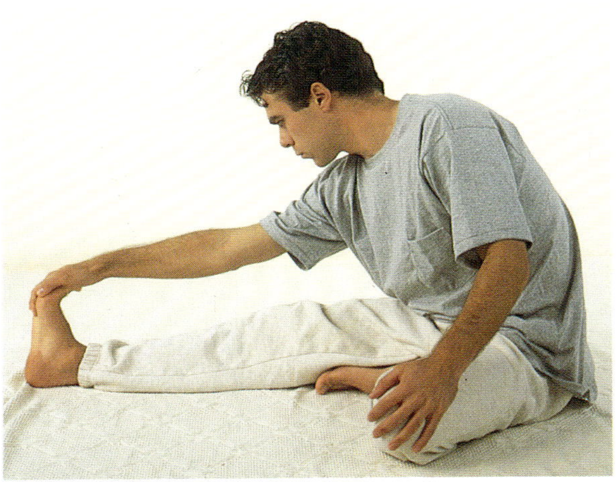

▲ Par terre, une jambe étendue devant vous, l'autre fléchie, penchez-vous en avant et tirez doucement vers vous le pied de la jambe étendue. Si vous n'arrivez pas à l'attraper, essayez de fléchir légèrement le genou de la jambe en extension. Répétez l'exercice avec l'autre jambe.

ÉTIREMENT DU JARRET

▶ Tenez-vous debout, puis soulevez une jambe. Joignez les mains derrière le genou et tirez la jambe vers la poitrine. Relâchez. Répétez l'exercice avec l'autre jambe.

ÉTIREMENT DU PIED

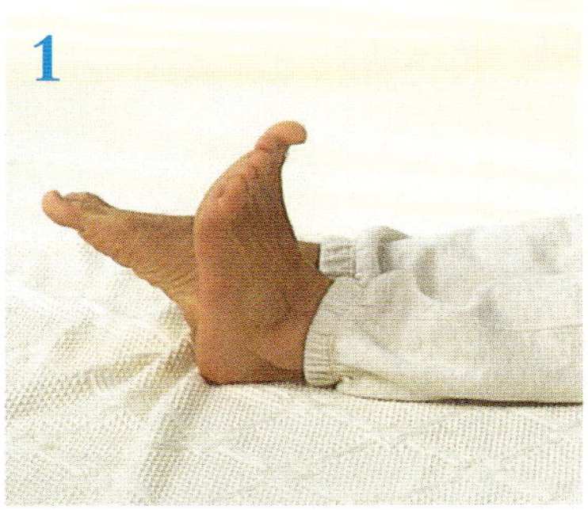

▲ Par terre, les jambes étendues devant vous, fléchissez et tendez chaque pied, tour à tour.

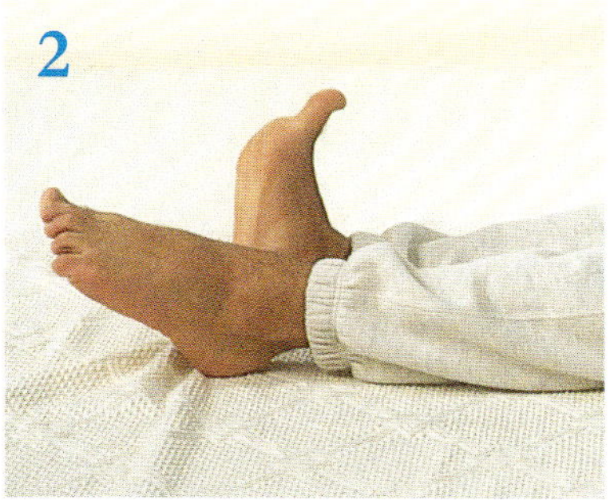

▲ Lorsque vous tendez un pied, fléchissez l'autre, et vice-versa.

ÉTIREMENT DES DOIGTS

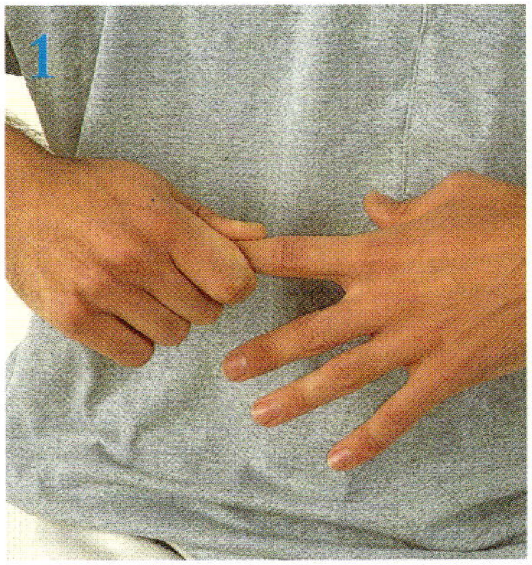

▲ Les tensions s'accumulent souvent dans les mains. Pour les dissiper, tirez fermement le doigt d'une main avec l'autre main, de façon continue.

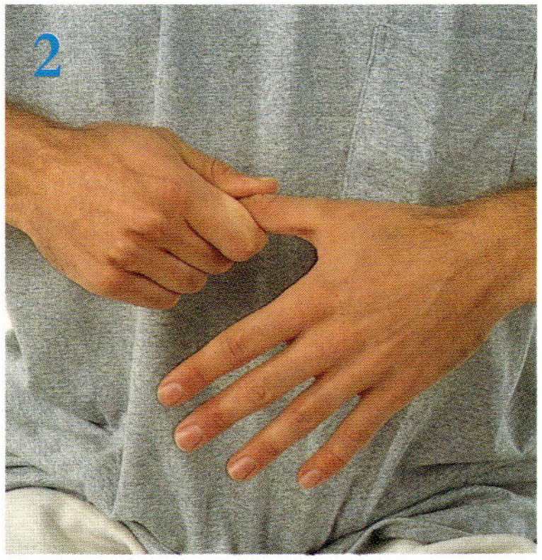

▲ Répétez l'opération pour chaque doigt. Puis changez de main.

ÉTIREMENT DE LA CUISSE

▲ Pour étirer les quadriceps, les muscles antérieurs de la cuisse, tenez-vous debout sur une jambe, fléchissez l'autre vers l'arrière, attrapez-la avec la main et tirez-la davantage vers l'arrière. Maintenez la position, puis relâchez. Répétez l'exercice avec l'autre jambe.

Des étirements passifs pour se revitaliser

Les étirements passifs constituent un moyen particulièrement agréable et efficace de soulager des muscles las et tendus, après le stress d'une rude journée. Pour réaliser ces exercices, la collaboration d'une tierce personne qui aidera le corps à s'étirer un peu plus loin qu'on ne pourrait le faire seul est nécessaire. En aidant un(e) ami(e) à pratiquer ces étirements passifs, vous lui permettrez de se détendre et de se libérer des tensions accumulées. Et la fois suivante, si c'est vous qui êtes fatigué et tendu, vous pourrez intervertir les rôles.

LA TÊTE SUR LA POITRINE

▲ Faites agenouiller votre partenaire, placez une main en bas de sa nuque et, tandis qu'il baisse la tête vers la poitrine, servez-vous de l'autre main pour accompagner le mouvement de la tête vers le bas.

TRACTION DU COU

▲ Faites étendre votre partenaire et installez-vous assis ou à genoux derrière sa tête. Prenez celle-ci dans vos mains et étirez doucement le cou vers vous.

ATTENTION

Ne tirez pas trop fort sur le cou et évitez cet exercice si la personne a des lésions ou des douleurs cervicales, auquel cas recommandez-lui de consulter un spécialiste.

TRACTION DES BRAS

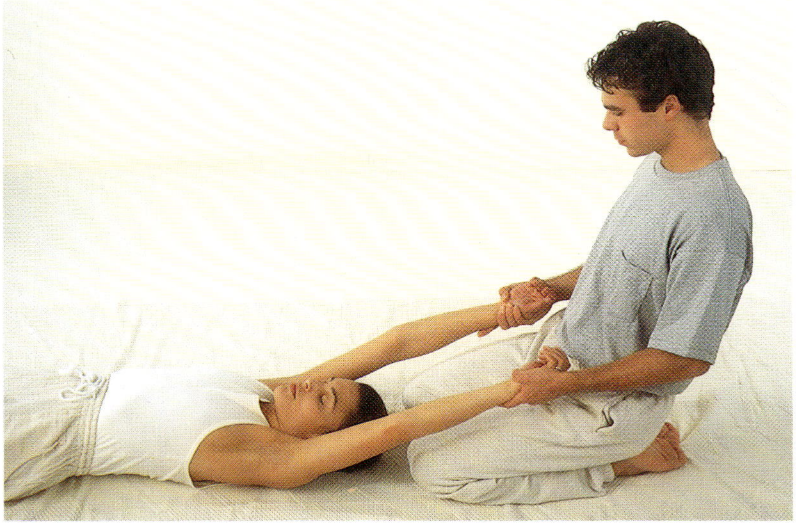

◀ Faites étendre votre partenaire, prenez ses poignets dans vos mains et faites remonter ses bras par-dessus la tête. Continuez à tirer vers vous mais sans faire mal aux articulations des épaules. Maintenez brièvement l'étirement, puis recommencez l'exercice.

TRACTION DES JAMBES

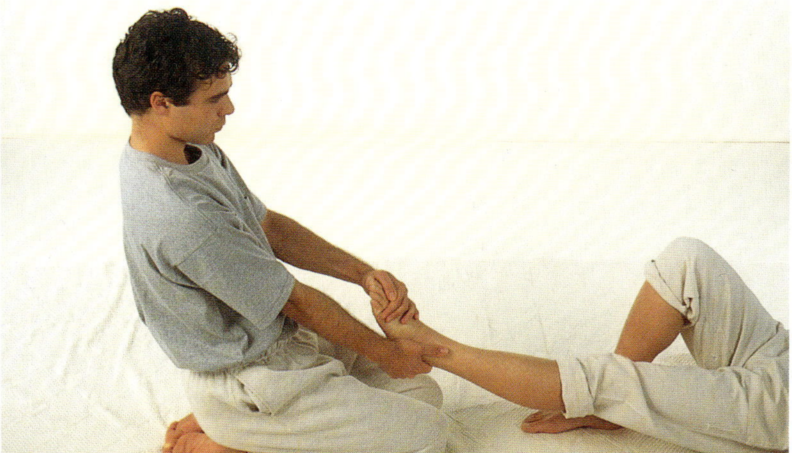

◀ Faites étendre votre partenaire, prenez une cheville dans vos mains et tirez-la fermement vers vous, en décollant légèrement la jambe du sol. Maintenez l'étirement, puis recommencez. Répétez l'exercice sur l'autre jambe.

Anti-fatigues instantanés

Quand le stress et la tension nerveuse sont chroniques, ils sont souvent à l'origine de la fatigue, voire de l'épuisement. Si vous avez l'impression que votre mémoire et votre concentration vous font défaut et que le stress provoque un état de fatigue permanent, vous auriez sans doute intérêt à pratiquer les exercices suivants. Ils visent à améliorer la circulation du sang dans le cerveau.

L'ÉQUILIBRE SUR LES ÉPAULES

1

▲ Couchez-vous sur le dos, les jambes droites, les bras le long du corps. Levez les jambes à la verticale et, en décollant les fessiers du sol, faites-les progressivement basculer par-dessus la tête.

2

▲ Soutenez le bas du dos avec les mains et ramenez doucement le dos et les jambes à la verticale. Ne forcez pas ce mouvement !

3

▲ Maintenez un instant la position verticale puis revenez à la posture initiale.

ATTENTION

Si vous souffrez d'hypertension artérielle ou d'hyperthyroïdie, ne pratiquez pas ces exercices avec bascule arrière sans avis médical préalable.

LA POSTURE DU POISSON

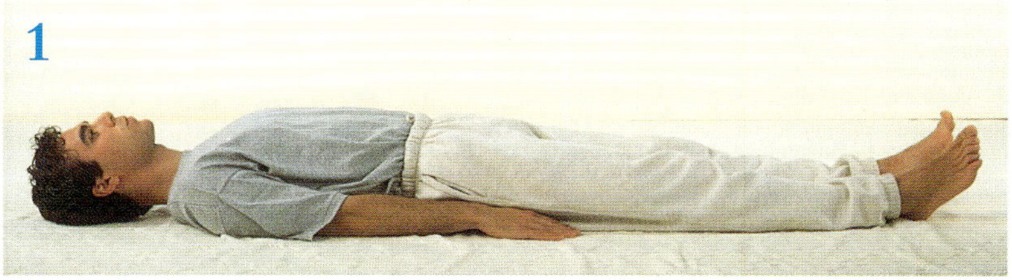

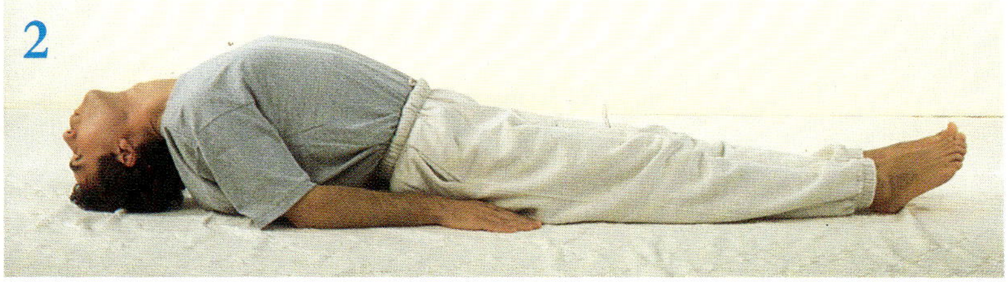

ATTENTION

Ne forcez pas sur le cou. Évitez cet exercice si vous avez des problèmes de cervicales.

◀ Étendez-vous à plat sur le dos.

◀ Arc-boutez-vous jusqu'à ce que le sommet de la tête se retrouve en appui sur le sol. Maintenez un instant, puis relâchez.

FLEXION JAMBES IMMOBILES

▲ Tenez-vous debout, les pieds joints. Penchez-vous en avant en joignant les mains derrière les jambes, aussi bas que vous le pourrez sans forcer.

▲ Tirez progressivement la tête vers les jambes sans avoir mal. Maintenez la posture un instant. Puis déroulez lentement le corps et revenez à la verticale.

FLEXION ARRIÈRE

▲ Debout, les mains sur les hanches, les pieds écartés, inspirez, puis expirez, en fléchissant le buste vers l'arrière. N'allez pas plus loin que vous le pouvez sans avoir mal. Évitez cet étirement si vous avez des problèmes de dos.

LA POSTURE DU RISHI

▲ Tenez-vous debout, les pieds écartés d'une distance équivalente à la largeur de vos épaules, les bras tendus devant vous.

▲ Penchez-vous sur la droite. Le bras droit pointe vers le bas, contre l'intérieur de la jambe droite tandis que le bras gauche pointe vers le ciel.

▲ En regardant vers le bras levé, étirez le bras droit vers le bas, puis revenez lentement à la verticale. Répétez l'exercice du côté gauche.

ÉTIREMENT SIMPLE

◄ Disposez plusieurs coussins par terre, ou un petit tabouret bas. Étendez-vous à plat dos, en soulevant le bassin avec les coussins. Détendez-vous dans cette posture. Avec un petit tabouret, le bassin sera d'autant plus surélevé : davantage de sang viendra irriguer la tête. Mais assurez-vous que vous ne forcez pas sur le dos pendant cet exercice.

LA POSITION DU CHIEN

▲ Tenez-vous debout, les pieds légèrement écartés, puis posez les mains par terre, aussi loin devant vous que possible.

▲ Essayez de mettre les jambes droites et arc-boutez-vous en étirant le dos en forme de V à l'envers. Maintenez la posture, puis relâchez. Répétez l'exercice.

LA POSTURE DE L'ENFANT

◄ Finissez la série en vous reposant et en vous relaxant. Agenouillé par terre, penchez-vous en avant de façon à poser la tête sur le sol, les bras le long du corps. Cette posture peut servir à se détendre après les flexions dorsales.

ATTENTION

Si vous avez eu des lésions dorsales, prenez l'avis d'un médecin avant de pratiquer ces étirements. En règle générale, arrêtez tout de suite un exercice si vous avez mal.

Soulager l'anxiété et la tension nerveuse

Les étirements et les postures de yoga qui figurent dans ce livre visent tous à dissiper la tension musculaire, et s'accompagnent d'un effet calmant sur le mental. C'est pourquoi la pratique régulière des étirements peut vous aider à réduire l'impact du stress. Cependant, le yoga est bien plus qu'un simple système d'exercices : c'est une philosophie, un mode de vie, dans lequel la méditation joue un rôle important. Il existe de nombreuses formes de méditation, de la pratique de visualisation jusqu'à la répétitions de mantras (syllabes ou phrases sacrées auxquelles l'hindouisme et le bouddhisme accordent un pouvoir spirituel). Quelle que soit la méthode que vous adoptiez pour calmer votre esprit, voici quelques exercices simples qui vous aideront à retrouver le calme.

LE LOTUS

La position du lotus est une posture stable et détendue qui convient bien à la méditation. Le demi-lotus en est une version simplifiée.

1

▲ Demi-lotus. Assis, jambes étendues, fléchissez la jambe droite et ramenez le pied contre l'intérieur de la cuisse gauche. Fléchissez la jambe gauche et posez le pied sur la cuisse droite. Gardez le dos droit.

2

▲ Lotus. Fléchissez la jambe droite et placez le pied droit sur la cuisse gauche. Fléchissez la jambe gauche et placez le pied gauche par-dessus la cuisse droite en passant sous la jambe droite. Conservez la posture.

RESPIRATION AVEC CHANGEMENT DE NARINE

La pratique régulière d'exercices du souffle favorise la méditation et le calme de l'esprit.

1

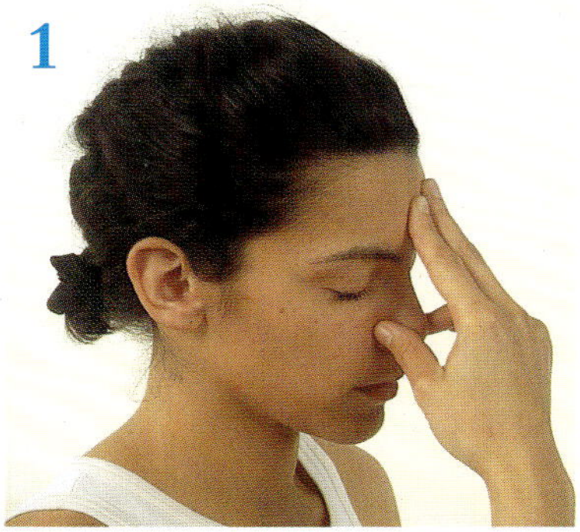

▲ Posez la main sur le milieu du front, de façon à boucher les narines entre le pouce et l'annulaire.

2

▲ Levez le pouce, inspirez par la narine ainsi libérée, rebouchez-la avec le pouce et relevez l'annulaire pour expirer par l'autre narine.

3

▲ Procédez de même avec la seconde narine. Continuez à respirer calmement, en changeant à chaque fois de narine.

DIRIGER L'ÉNERGIE

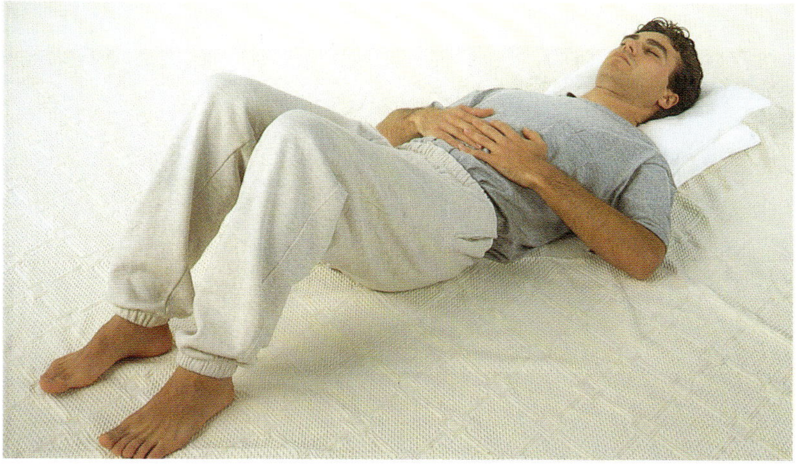

◀ On peut parvenir à une relaxation bien plus profonde en concentrant l'esprit. Étendez-vous à plat dos et prenez conscience de la partie du corps où est localisée la tension nerveuse. Posez-y les mains et imaginez qu'une sensation de grande détente passe de vos mains à votre corps. Répétez l'exercice à tous les endroits où vous ressentirez de la tension.

Éliminer les tensions abdominales

On a tendance à emmagasiner la tension nerveuse dans le ventre, surtout si l'on est du genre à garder ses émotions pour soi. Une simple tension musculaire peut suffire à diminuer la souplesse de la taille. Les exercices suivants, qui visent à réduire les rigidités et à redonner de la souplesse à la région abdominale, sont utiles en de nombreuses circonstances.

FLEXION LATÉRALE

1

▲ Tenez-vous debout, pieds écartés, les mains sur les hanches. Penchez-vous d'un côté en veillant à ne pas tordre le buste.

2

▲ Revenez lentement à la verticale et penchez-vous de l'autre côté. Répétez l'enchaînement plusieurs fois.

TORSION CIRCULAIRE

▲ Debout, jambes écartées, mains sur les hanches, tournez le buste autour de la taille.

▲ Tournez lentement et ne forcez pas les étirements.

▲ Répétez le mouvement de rotation dans l'autre sens.

MOUVEMENTS ABDOMINAUX

◀ Asseyez-vous en tailleur ou agenouillez-vous. Posez les mains sur la taille ou sur les cuisses. Expirez à fond pour bien vider les poumons.

▶ Sans inspirer, rentrez le ventre autant que vous pourrez, et faites-le rentrer et sortir plusieurs fois de suite (jusqu'à cinq) avant d'inspirer. Détendez-vous un moment et respirez normalement avant de recommencer.

JAMBES CROISÉES

1

◀ Étendez-vous sur le dos, les jambes droites. Levez une jambe, aussi près de la verticale que vous le pourrez sans avoir mal, puis amorcez une descente latérale, par-dessus le ventre, en maintenant les hanches bien au sol.

▶ Laissez descendre la jambe en l'étirant aussi loin que possible, puis revenez lentement à la position initiale. Répétez l'exercice avec l'autre jambe.

2

TORSIONS, ALLONGÉ

▲ Étendez-vous à plat dos, les mains derrière la nuque, les jambes parallèles, genoux légèrement fléchis.

▲ Amenez les jambes sur le côté, en torsion du bassin, mais tout en gardant le dos et les hanches au sol.

ASSIS/COUCHÉ

1

▲ Asseyez-vous par terre, les jambes étendues.

2

▲ Descendez lentement le dos vers le sol. Fléchissez les jambes et relevez-les progressivement.

3

▲ Tendez peu à peu les jambes en les relevant, à la verticale. Maintenez-les dans cette position puis, en gardant les jambes droites, ramenez-les lentement au sol.

4

▲ Rasseyez-vous puis penchez-vous en avant et attrapez les jambes avec les mains. Revenez lentement à la position assise de départ.

Tensions et contractions musculaires au bureau

Quand on passe sa journée assis à un bureau, les muscles ont tendance à devenir raides et douloureux. La fatigue aidant, la posture se détériore et l'on se retrouve avec le dos rond, d'autant que les fauteuils de bureaux ne sont pas toujours bien étudiés. Les longues heures passées devant un écran d'ordinateur mènent la vie dure aux muscles de la nuque, du dos et de la région lombaire. Il est important de se ménager des pauses régulières : levez-vous de temps en temps, faites quelques pas. Essayez aussi de dénouer un peu le corps en pratiquant ces quelques étirements simples, assis à votre bureau.

ÉTIREMENT DES BRAS ET DU DOS

▲ Joignez les mains, paumes tournées vers l'extérieur, et tendez les bras devant vous. Maintenez la position un instant, détendez-vous et recommencez l'exercice.

ÉTIREMENT DES BRAS ET DU TORSE

▲ Joignez les mains derrière le dos, par-dessus le dossier de votre fauteuil, étirez les bras loin du corps et maintenez-les dans cette position. Répétez l'exercice.

ÉTIREMENT DES AVANT-BRAS

▲ Levez les bras latéralement, tout en les étirant vers l'extérieur.

▲ Fléchissez et étendez les mains. Soyez attentif à l'effet de traction que cela produit sur les deux faces des avant-bras.

ÉTIREMENT DU DOS ET DES ÉPAULES

▲ Étirez les bras au-dessus de la tête. Inspirez en courbant légèrement le dos. Relâchez sur l'expiration, et recommencez l'exercice une ou deux fois.

VERROUILLAGE DE LA POSTURE

▲ Mettez le bras gauche derrière le dos et fléchissez-le de façon à ce que la main pointe vers l'omoplate droite. Passez le bras droit par-dessus l'épaule droite pour essayer de joindre les mains, ou d'attraper la main gauche avec la droite. Maintenez la posture un instant, et répétez l'exercice en commençant par le bras droit.

L'ÉTIREMENT DU CHAT

1

▲ Écartez légèrement le fauteuil du bureau pour vous donner un peu d'espace, penchez-vous en avant et attrapez vos chevilles.

2

▲ Courbez le dos, relâchez, et recommencez.

ÉTIREMENT DU MOLLET

▲ Asseyez-vous bien droit, soulevez une jambe et étirez-la. Faites de même avec l'autre jambe.

▲ Fléchissez le pied pour étirer le mollet. Refaites le mouvement plusieurs fois de suite.

ÉTIREMENT DU COU

▲ Tournez lentement la tête d'un côté, en sentant bien les muscles du cou s'étirer.

▲ Répétez l'exercice en changeant de côté à chaque fois.

DÉTENTE DES ÉPAULES

▲ Terminez en joignant les mains et en étirant les bras au-dessus de la tête.

Pour bien se réveiller

Vous arrive-t-il de vous sentir raide et fatigué en vous éveillant, encore un peu tendu sous l'effet du stress de la veille ? Voici quelques étirements simples pour vous tonifier et commencer la journée dans de meilleures conditions. Ils vous aideront à vous réveiller en « fouettant le sang » qui apporte de l'oxygène aux cellules.

RESPIRATION COMPLÈTE

1

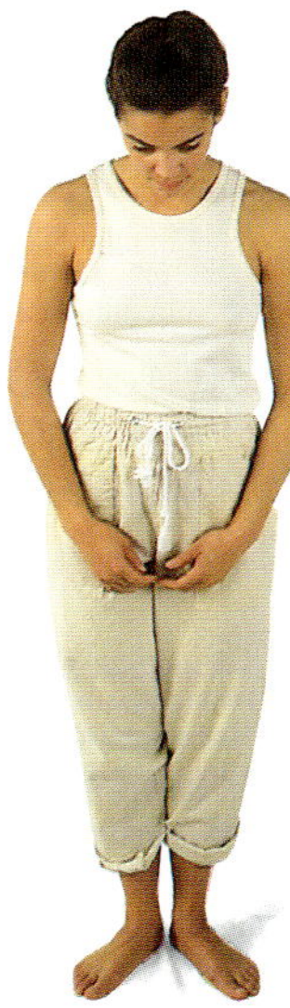

2

3

▲ Tenez-vous debout, les pieds joints, les bras baissés, le menton sur la poitrine.

▲ Prenez lentement une profonde inspiration et, ce faisant, levez les bras sur le côté tout en relevant la tête.

▲ Montez sur la pointe des pieds tout en continuant à lever les bras jusqu'à ce que les mains se touchent au-dessus de la tête. Expirez et revenez lentement à la position initiale. Répétez l'exercice deux ou trois fois tout au plus.

FLEXION ARRIÈRE

▲ Tenez-vous debout, les pieds légèrement écartés, les mains sur les hanches et, sur l'inspiration, penchez le buste en arrière.

▲ Expirez en vous penchant en avant. Revenez lentement à la verticale. Répétez l'exercice en maintenant les étirements.

TORSION DEBOUT

▲ Tenez-vous debout, les pieds écartés, les bras étendus latéralement.

▲ Opérez une torsion du buste d'un côté, puis de l'autre. Les mouvements doivent être amples et lents.

L'ÉTIREMENT DU CHAT

▲ Agenouillez-vous par terre et roulez-vous en boule.

▲ Mettez-vous à quatre pattes et cambrez légèrement le dos en inspirant.

▲ Expirez en faisant le gros dos, maintenez cette position, puis recommencez l'exercice.

Pour le voyageur

Si votre travail nécessite de nombreux déplacements en voiture, en train ou en avion, vous risquez de vous sentir raide et courbatu en fin de journée. Les longs voyages sont une astreinte pénible pour le corps et l'on arrive souvent fatigué, las, tendu, sans parler du stress que l'on ressent souvent en voyage. Si celui-ci doit durer plusieurs heures, essayez de faire fréquemment une petite pause. Voici quelques étirements simples à pratiquer pendant le voyage ou à l'arrivée, pour se débarrasser des tensions et rafraîchir le corps et l'esprit.

FLEXIONS LATÉRALES

1

▲ Tenez-vous debout, les pieds écartés à une distance équivalente à la largeur de vos épaules, les bras étendus. Penchez-vous d'un côté en veillant à ne pas tordre le buste.

2

▲ Revenez lentement en position verticale, puis penchez-vous de l'autre côté. Redressez-vous et recommencez l'exercice.

L'ÉTIREMENT DU JARRET

▲ Debout, levez une jambe. En saisissant votre genou, tirez la jambe vers la poitrine. Relâchez. Répétez l'exercice avec l'autre jambe.

ÉTIREMENT DE LA CUISSE

▲ Fléchissez une jambe vers l'arrière, tirez le pied vers le bas du dos. Cela provoque un étirement dans la cuisse. Relâchez, puis répétez l'exercice avec l'autre jambe.

FLEXION AVANT-ARRIÈRE

▲ Tenez-vous debout, les pieds légèrement écartés, les mains sur les hanches. Inspirez tout en penchant le buste en arrière.

▲ Expirez en penchant le buste en avant. Revenez lentement à la verticale et détendez-vous. Répétez l'exercice en maintenant bien les étirements.

FLEXION ARRIÈRE

▶ Tenez-vous debout, les mains sur les hanches, les pieds légèrement écartés. Inspirez, puis expirez en penchant le buste en arrière. Inspirez en revenant à la verticale.

ATTENTION

Ne forcez pas au-delà de ce qui est confortable et évitez cet étirement si vous avez des problèmes de dos. Comme on est souvent assez raide après un voyage, vous aurez peut-être intérêt à commencer par secouer tout le corps avant de vous livrer aux étirements.

Éliminer les tensions des hanches et du bassin

Le bassin est une partie essentielle du corps puisqu'il contient les organes reproducteurs, la vessie et la partie inférieure des intestins. Les étirements ont des effets bienfaisants sur cette zone car ils y améliorent la circulation du sang et tonifient tous les organes qui s'y trouvent. Sachant que la structure anatomique du bassin est telle que le sang peut avoir tendance à y « stagner », les étirements qui suivent sont de nature à éviter l'engorgement. Ils peuvent contribuer, entre autres, à soulager les règles douloureuses et à améliorer le fonctionnement de la prostate.

DÉCOLLER LA TÊTE DU SOL

1

▲ Étendez-vous à plat dos, jambes fléchies, pieds écartés, les mains sous la nuque. Inspirez.

2

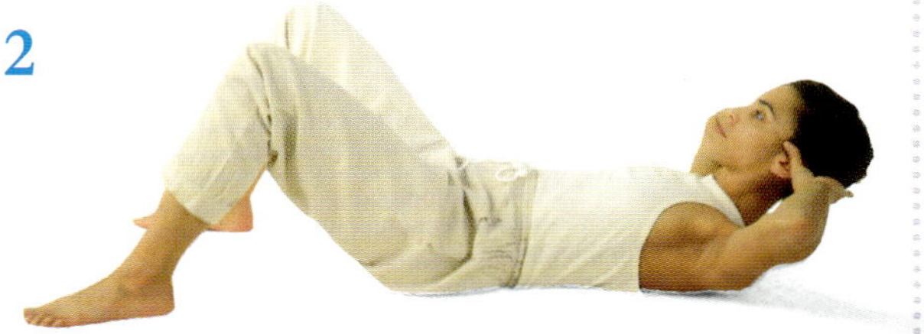

▲ Expirez en soulevant la tête du sol, aussi loin que possible sans que cela fasse mal. Maintenez la posture un instant, puis relâchez. Répétez l'exercice

DÉCOLLER LA TÊTE DU SOL

1

▲ Couchez-vous sur le dos, comme dans l'exercice précédent. Inspirez et, sur l'expiration, soulevez la tête en la tournant à gauche et en levant la jambe gauche, de façon à rapprocher le genou gauche du coude droit.

2

▲ Détendez-vous et répétez l'étirement en tournant la tête du côté droit.

TORSION PARTIELLE

1

▲ Asseyez-vous par terre, jambes étendues.

2

▲ Fléchissez la jambe droite, passez le pied par-dessus la jambe gauche et posez-le par terre.

3

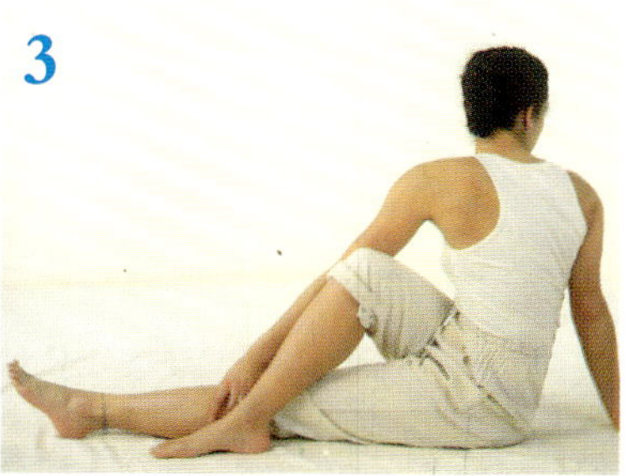

▲ Avec le bras gauche, saisissez la jambe gauche et tordez le buste. Répétez l'exercice en changeant de jambe et de côté.

ÉTIREMENT DES GENOUX

▲ Assis par terre, joignez vos pieds. Prenez-les dans vos mains et tirez pour essayer de les amener plus près du corps. Laissez les genoux s'abaisser vers le sol. Maintenez l'étirement, puis relâchez. Répétez l'exercice.

LA POSTURE DU PAPILLON

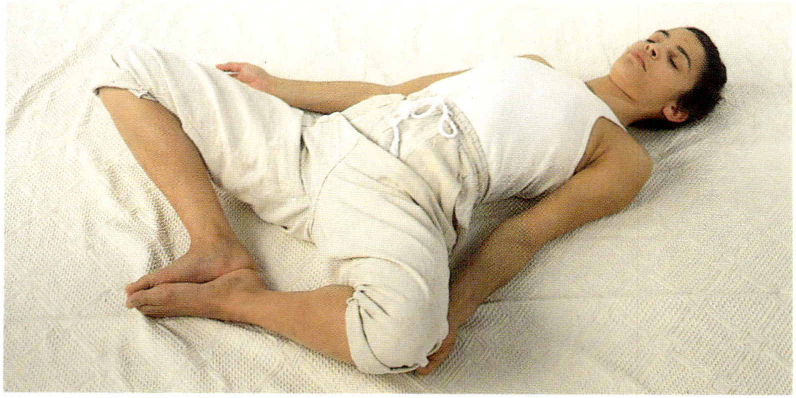

▲ Étendez-vous à plat dos et fléchissez les jambes de façon à ce que les pieds se touchent par la plante. Laissez les genoux s'abaisser vers le sol et maintenez la position quelques instants. Cet exercice, qui stimule la circulation, peut être bénéfique aux femmes enceintes et aux hommes qui ont des problèmes de prostate.

ÉLÉVATION DES FESSIERS

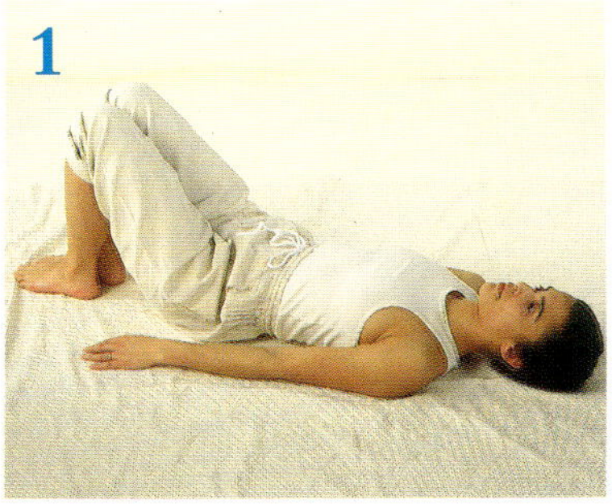

◀ Couchez-vous sur le dos, les genoux fléchis, les pieds à plat par terre. Étendez les bras le long du corps : ils serviront de support.

▶ Poussez les fessiers vers le haut pour le faire décoller du sol, et maintenez-les ainsi. Faites-les redescendre, détendez-vous et répétez l'exercice.

L'ÉQUILIBRE SUR LES ÉPAULES

▲ À plat dos, les jambes droites, levez les jambes à la verticale. Prolongez le mouvement pour les faire descendre vers la tête, tout en décollant les fessiers du sol. Tenez le bas du dos avec les mains.

▲ Essayez de dresser le dos et les jambes à la verticale, mais sans forcer. Maintenez cet équilibre quelques instants puis revenez à la position initiale.

L'ÉTREINTE

▲ Étendez-vous à plat dos, jambes fléchies sur la poitrine, les bras autour des genoux. Soulevez la tête, prenez vos genoux dans vos bras et serrez-les contre la poitrine. Maintenez un instant la posture, puis détendez-vous.

Pour se délasser

Après une rude journée, il n'est pas rare de se coucher les muscles tendus et contractés, la tête pleine du stress et de tous les soucis de la journée. Résultat : on dort mal, ou pire encore, on ne parvient même pas à s'endormir. Consacrez quelques minutes de calme à ces exercices de délassement avant de vous coucher : ils aideront le corps et l'esprit à se débarrasser des tensions accumulées dans la journée et vous prépareront à un sommeil réparateur.

ÉTIREMENT DU COU

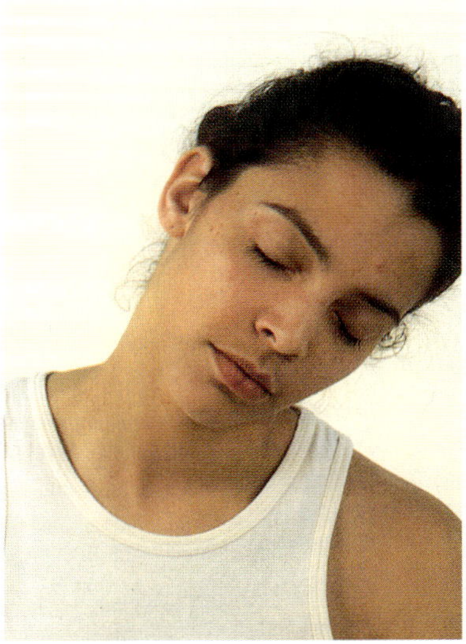

Penchez la tête d'un côté en étirant le cou, et sentez l'effet d'étirement que cela produit sur les muscles du cou. Ramenez la tête à la verticale et refaites l'exercice de l'autre côté. Veillez à faire des mouvements lents et maintenez les étirements pendant quelques instants.

LA POSTURE DU LION

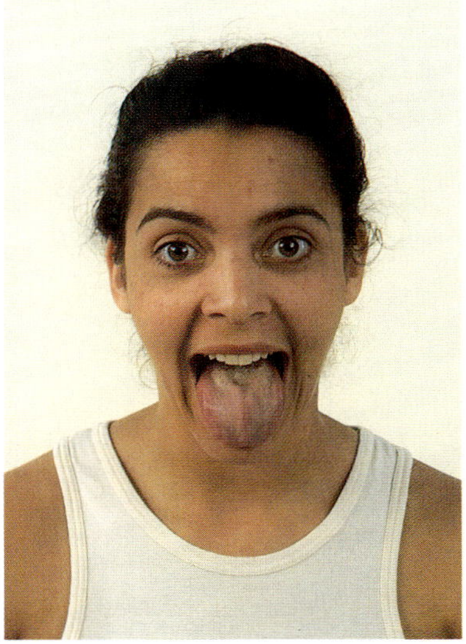

Pour étirer les muscles faciaux et en libérer les tensions, ouvrez la bouche aussi grand que possible et tirez la langue tout en écarquillant les yeux au maximum. Restez ainsi un instant, puis relâchez. Répétez deux fois.

FLEXION AVANT

Debout, les pieds écartés, les genoux légèrement pliés, penchez-vous en avant et laissez pendre les bras, puis saisissez vos jambes. Essayez d'attraper les chevilles. Expirez en redressant les jambes. Sur l'inspiration, vous pouvez à nouveau plier les genoux. Répétez l'exercice.

ACCROUPISSEMENTS

1

▲ Tenez-vous debout, les pieds légèrement écartés, et levez les bras.

2

▲ Levez les mains au-dessus de la tête, paumes jointes, tout en vous mettant sur la pointe des pieds.

3

▲ Descendez lentement vers la position accroupie en tâchant de garder le dos droit. Revenez lentement à la verticale. Répétez l'exercice.

TORSION DEBOUT

1

2

◀ Tenez-vous debout, les pieds écartés d'une distance équivalente à la largeur de vos épaules, les bras tendus droit devant vous. Puis, lentement, faites une torsion latérale du corps.

▶ Revenez à la position initiale et refaites une torsion du buste de l'autre côté. Veillez à faire des mouvements amples et lents.

FLEXION ARRIÈRE, À GENOUX

▶ Agenouillez-vous et asseyez-vous sur les talons. Posez les mains sur le sol, juste derrière vous, et soulevez le buste. Inspirez en creusant le dos et en l'étirant en arrière. Maintenez cette posture un instant puis, sur l'expiration, remettez-vous à genoux.

INDEX

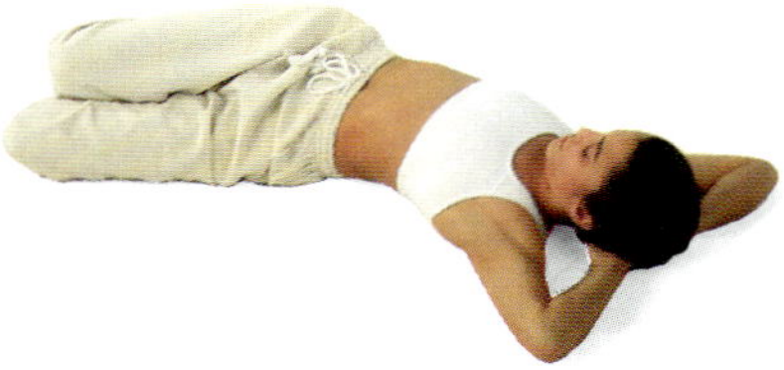

Crédits photographiques
Sue Atkinson (mise en scène de Mira Mehta) pp. 6 et 8.